Sara Ball

FOSSILO

ars edition

In einem Marionettentheater wurde viele Wochen lang das Märchen »Fossilo, der mutige Drache« gespielt:
Ein böser Räuber entführt die Prinzessin und hielt sie in einer Höhle gefangen. Der Drache Fossilo fand das Versteck, befreite die

Prinzessin und brachte sie zu ihrem Vater aufs Schloß zurück. Der König und die Königin waren glücklich über die Befreiung.
Am glücklichsten aber waren jedesmal die Kinder im Zuschauerraum. Sie klatschten vor Freude lange in die Hände.

Doch eines Tages kommt alles ganz anders. Die Vorstellung läuft. Fossilo ist gerade dabei, mit der Prinzessin zum Schloß des Königs zu fliegen, da geschieht das Unglück! Plötzlich löst sich ein Flügel des Drachens und Fossilo verliert das Gleichgewicht. Die Prinzessin purzelt von seinem Rücken. Sie verhaspelt sich so stark in den Fäden, daß diese zerreißen.

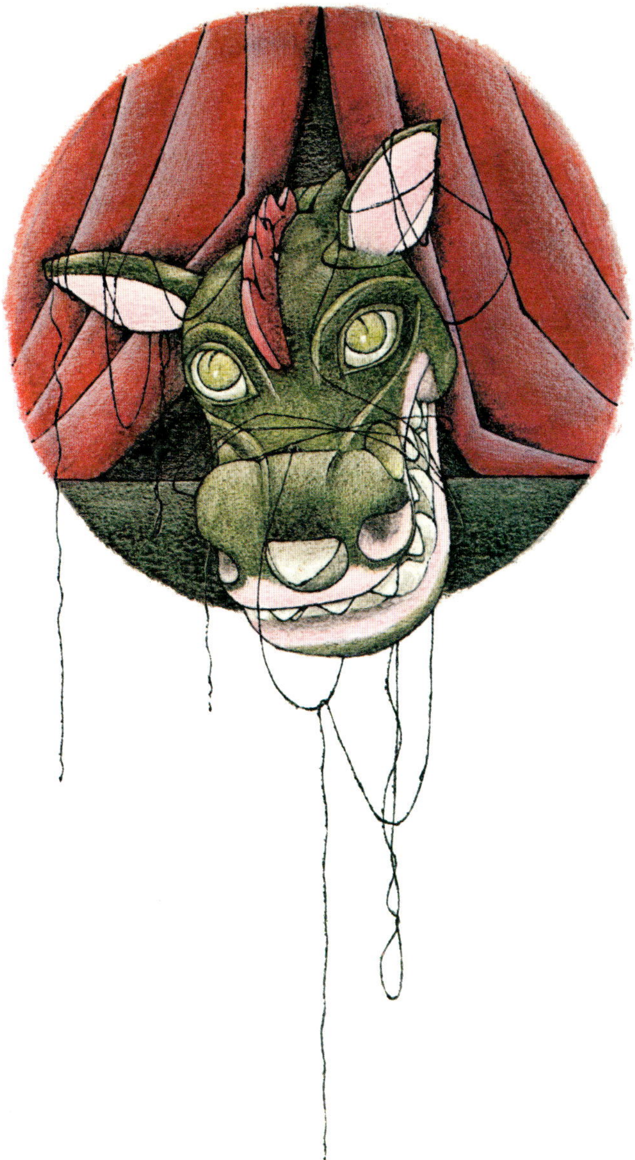

Krachend stürzt Fossilo auf die Bühne und begräbt die Prinzessin unter sich. Der Vorhang fällt. Die Kinder im Zuschauerraum sind enttäuscht über das Ende dieser Vorstellung. Keines klatscht in die Hände. Ja, manche Mädchen weinen, einige Knaben schreien sogar und stampfen mit den Füßen.

Noch schlimmer geht es hinter der Bühne zu. Der Marionettenspieler gerät außer sich vor Wut über das Mißgeschick. Er muß befürchten, daß nur noch wenige Kinder die Märchenvorstellung besuchen werden. In seinem Zorn packt er den Drachen, gibt ihm einen Fußtritt, so daß er durch die Luft fliegt und direkt im Papierkorb landet.
Dabei trifft den armen Fossilo doch gar keine Schuld!

Am nächsten Tag kommt die Putzfrau. Sie leert den Papierkorb in die Mülltonne. Den Drachen beachtet sie dabei nicht. Einige Hausfrauen werfen noch ihre Küchenabfälle darauf.

Doch dann kommt ein fröhliches, kleines Mädchen. Es will ebenfalls den Mülleimer leeren. Als es jedoch vor der Tonne steht, sieht es aus dem Spalt zwei Augen funkeln. Das Mädchen fürchtet sich deshalb.

Salz

»Vielleicht steckt eine Katze, eine große Ratte, oder gar eine Schlange da drinnen«, überlegt das Mädchen. »Ich warte zunächst einmal ab, was geschieht.«
Aber es geschieht gar nichts. Nicht einmal die Augen bewegen sich. Da wird das kleine Mädchen sehr neugierig. Um besser sehen zu können, geht es einen Schritt näher an die Mülltonne heran. Aber innen ist es so dunkel, daß man nichts erkennen kann. Das Mädchen will endlich wissen, wem diese Funkelaugen gehören. Deshalb klappt es den Deckel der Tonne auf. Wie jämmerlich! Da liegt zwischen Schmutz und Abfällen Fossilo, der Held des Marionettentheaters!
Sofort erkennt das Mädchen den Drachen wieder, denn es hat vor kurzer Zeit die Vorstellung besucht.

Ohne zu zögern greift das Mädchen mit beiden Händen in die Mülltonne und hebt Fossilo heraus. »Ich werde ihn wieder schön machen«, denkt es dabei.

Dann nimmt es den Drachen unter den Arm und geht damit ins Haus zur Mutter.

Die Mutter ist entsetzt. So etwas Stinkendes, Schmutziges will sie nicht in ihrer Wohnung haben!
»Ich kann ihn ja waschen«, sagt das Mädchen. So bekommt Fossilo bald darauf ein duftendes Schaumbad. Dabei wird der Drache zwar sehr sauber, aber mit dem Schmutz löst sich leider auch seine grüne Farbe.

»Das ist nicht so schlimm. Ich werde Fossilo wieder anmalen«, meint das Mädchen. Bevor es zu Bett geht, legt es den Drachen über Nacht zum Trocknen auf ein Tuch. Am nächsten Morgen macht es sich gleich an die Arbeit. Das Mädchen holt eine Schere, Zwirn, Kleber, einen Pinsel und den Malkasten.

Zuerst müssen all die verwickelten und zerrissenen Fäden des Drachens abgeschnitten werden. Dann klebt das Mädchen den abgebrochenen Flügel wieder an. Infolge des

Fußtrittes wackelt auch die Nase. Damit Fossilo sie nicht irgendwann verliert, wird sie gleich wieder befestigt. Jetzt fehlt noch ein neuer Anstrich. Das Mädchen kann sich nicht gleich entscheiden, welche Farbe es für Fossilo auswählen soll. Es nimmt schließlich einen grünen Farbton, denn dieser paßt am besten zu einem Drachen.

Damit Fossilo lustiger aussieht, bekommt er noch dunkelgrüne Punkte. Jetzt ist er wieder ein hübscher Drache! Ja, er ist sogar ein bißchen schöner geworden als zuvor. Das Mädchen freut sich sehr.
Um sich richtig bewegen zu können, benötigt eine Marionette Fäden. Das Anbringen ist nicht so einfach, denn man muß gut aufpassen, daß sich die Fäden nicht verwickeln. Das Mädchen stellt Fossilo auf den Boden und versucht, den Drachen mit den Fäden zu führen. Es sagt: »Nicht wahr, Fossilo, du bist jetzt mein Drache.« Da nickt der Drache heftig mit dem Kopf.
So lernt Fossilo verschiedene Kunststücke: das Gehen, das Fliegen, das Zähneklappern, das Schwanzwedeln sowie das Männchenmachen.

Das Mädchen spaziert mit Fossilo durch die ganze Wohnung. Vor der Schlafzimmertüre bleiben sie stehen. Die Eltern schlafen noch, denn es ist Sonntag. Leise öffnet das Mädchen die Türe. Die Eltern erwachen. Sie sehen verschlafen aus. Doch sie werden hellwach, als sie den Drachenkopf entdecken, der ins Zimmer hineinschaut. Sobald der ganze Fossilo erscheint, sich bewegt und mit der Stimme des Mädchens sagt: »Guten Morgen ihr faulen Eltern. Wollt ihr wohl aufstehen und das Frühstück machen!«, müssen Vater und Mutter hellauf lachen.
Der Vater springt aus dem Bett. Er findet die Marionette so lustig, daß er gleich damit spielen will. Auch der Mutter gefällt jetzt der Drache Fossilo.

So kommt es, daß das kleine Mädchen jeden Abend vor dem Zubettgehen eine Sondervorstellung mit Fossilo erlebt. Abwechslungsweise spielen ihm die Mutter und der Vater eine Geschichte vor.

Auch das Mädchen läßt zur Freude der Eltern Fossilo lustig an den Fäden tanzen.

ISBN 3-7607-7550-0 · Printed in West-Germany